MAURA DE ALBANESI

Natural de São Paulo, Maura de Albanesi é a idealizadora do método Vitalidade Energética, a união dos aspectos físicos, emocionais e espirituais que compreendem a saúde emocional do homem. É graduada em Educação Física e Psicologia, pós-graduada em Psicoterapia Corporal, Terapia de Vidas Passadas, Psicoterapia Transpessoal, Formação Biográfica Antroposófica e mestranda em Psicologia e Religião pela PUC. É fundadora e presidente do Renascimento — Núcleo de Desenvolvimento Humano e Espiritual.

© 2013 por Maura de Albanesi
©iStockphoto.com/izusek

Coordenação de criação: Priscila Noberto
Capa e Projeto Gráfico: Regiane Stella Guzzon
Preparação: Sandra Garcia Custódio
Revisão: Cristina Peres e Sandra Garcia Custódio

1ª edição — 1ª impressão
5.000 exemplares — outubro 2013

Dados Internacionais de Catalogação na Publicação (CIP)
(Câmara Brasileira do Livro, SP, Brasil)

Albanesi, Maura de
Tô a fim de novas ideias / Maura de Albanesi. –
São Paulo : Centro de Estudos Vida & Consciência Editora, 2013.

ISBN 978-85-7722-258-2
1. Livro de frases 2. Reflexão I. Título.

13-09763   CDD-808.882

Índices para catálogo sistemático:
1. Frases : Reflexão : Literatura 808.882

Todos os direitos reservados. Nenhuma parte desta edição pode ser utilizada ou reproduzida, por qualquer forma ou meio, seja ele mecânico ou eletrônico, fotocópia, gravação etc., tampouco apropriada ou estocada em sistema de banco de dados, sem a expressa autorização da editora (Lei nº 5.988, de 14/12/1973).

Este livro adota as regras do novo acordo ortográfico (2009).

Editora Vida & Consciência
Rua Agostinho Gomes, 2.312 – São Paulo – SP – Brasil
CEP 04206-001
editora@vidaeconsciencia.com.br
www.vidaeconsciencia.com.br

MAURA DE ALBANESI

TÔ A FIM

de novas ideias

PALAVRA DA AUTORA

Querido leitor,

É com imensa alegria que compartilho com você algumas ideias para que juntos possamos refletir sobre a melhor maneira de viver intensamente cada momento, aflorando em nós o verdadeiro amor que desbrava novos horizontes para as infinitas possibilidades de ser feliz.

Boa leitura!

Com amor,
Maura de Albanesi

Estamos em paz
quando trilhamos
nosso caminho com a
consciência de que nossa
existência contribui para
um mundo melhor.

Se você está esperando que algo aconteça para alcançar a paz, acabou sua paz, pois já a depositou em algo externo. A paz reside em você, ela já está dentro de você, ou seja, independe de alguém ou de algo. Renove o amor a si mesmo, reconheça seu poder, reconheça a beleza de que você é feito, a riqueza que você é. Viva a plenitude de estar em paz.

Problemas são pérolas divinas, pois nos fazem **PARAR**, **REFLETIR** e **ENCONTRAR SOLUÇÕES**, ativando nosso cérebro e nossa criatividade.

Torne-se grato e reconheça a graça em meio
à desgraça que você pensa que vive, só assim
você encontrará o caminho que leva à paz.
O coração que vive identificando o
negativo das situações não vibra amor.
Você pode transformar a vida,
de uma hora para a outra, no que quiser.
Você pode ser o que quiser ser.
O ser humano é livre por excelência.
Você se aprisiona porque não consegue se
responsabilizar pela liberdade que lhe é dada.
Se você deseja mudar o mundo,
mude suas escolhas.

Não construímos nada sem antes destruir alguma coisa. Um problema ou dificuldade precisa vir e levar algo para dar lugar ao novo. Deixe ir o velho e confie que o novo virá. Tudo passa. Quanto mais nos desapegamos das coisas materiais, mais nos lançamos à dimensão espiritual. Abrir espaço para a vida espiritual é lançar-se à vida eterna. Lançar-se ao espiritual é resgatar a fé, a coragem, o brilho no olhar que temos quando acreditamos que estamos no caminho certo. Há forças espirituais próximas ao nosso mundo que se movimentam para trazer o melhor e nós devemos apenas nos movimentar para permitir o desabrochar do melhor de nós.

A felicidade pode ser alcançada facilmente, basta você se dedicar a colocar o melhor de si ao alcance de todos. Que a cada novo dia a grande verdade que pulsa em sua alma torne-se tão real que o faça pular de alegria.

PULE,

SALTE,

EXALTE A VIDA

que existe em você.

Se encaramos a mudança como algo muito grande, não conseguimos empreendê-la. Perceba os pequenos atos que constituem o hábito que você deseja mudar e comece por eles.

A coragem às vezes fica escondida, pois você olha e vê uma montanha muito grande. Você não tem que subir toda a montanha de uma só vez, é preciso apenas dar o primeiro passo.

Exale para o mundo aquilo que você quer que o mundo exale para você. Sinta a vida em você, seja a vida pulsando em você e decrete na sua vida o que você quer. Às vezes você pode ter receio daquilo que quer, pois pensa que talvez não seja tão bom assim. Nós fomos ensinados a olhar para o negativo. O que nos falta em momentos difíceis é resgatar a fé.

Em tudo há um porquê e um para quê; todo problema traz uma solução. Quando não encaramos as situações como problemas, mas como desafios, as soluções emergem. O problema exige de nós um esforço. Pergunte-se qual esforço você tem que fazer para enfrentá-lo. O reconhecimento da impotência traz a potência.

Por que você tem que ser sempre o forte? Reconheça também os seus limites, pois o reconhecimento apenas da potência leva à arrogância.

A pérola só consegue emitir seu brilho, refletindo todas as cores do arco-íris, após a casca que a encobre ser ferida e rompida. Permita que a pérola que é sua alma demonstre todo o seu talento e brilho neste mundo. Com seu brilho, as cores do infinito se revelam na finitude desta vida e reverberam pela eternidade a preciosidade dos seus talentos em ação.

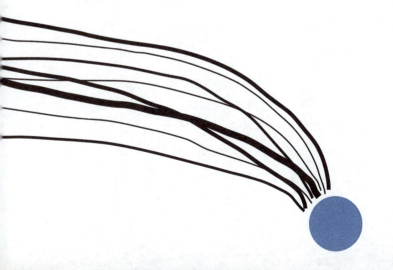

Quem quer agradar a todos não agrada a ninguém, tampouco a si próprio.

Seja você mesmo!

Que suas ações amorosas o conduzam a relacionamentos profundos e sinceros, assim a rejeição e a autorrejeição serão definitivamente lançadas ao passado.

Todos querem ter ousadia na vida. Para ousar, é preciso eliminar totalmente o medo. Alguém consegue imaginar uma pessoa ao mesmo tempo ousada e medrosa? Quando vemos alguém ousando, achamos que algo irá acontecer, bate aquele frio na barriga e certo desejo, escondido no inconsciente, de que ele não consiga, porque o fracasso do outro estimula a aceitação de nossa própria incapacidade de realizar algo, o que nos prende à estagnação. Sem planejamento a ousadia é simples impulso por um desejo inconsequente, que é a vontade não sedimentada no próprio espírito. Qual é a vontade genuína que está eclodindo em sua alma para que sua vida tenha um sentido diferente?

NÃO PARE NEM RETARDE SEU CAMINHAR POR NADA NEM POR NINGUÉM, SAIBA AONDE QUER CHEGAR. NÃO DESPERDICE TEMPO TENTANDO FAZER PESSOAS CAMINHAR COM VOCÊ, RESPEITE O TEMPO DE CADA UM. COLOQUE ENERGIA EM SEU PROJETO E REALIZE-O.

Se você ousar para agradar ao outro, vai cair no poço do outro. A pessoa que não ousa teme a derrota. A ousadia pode ser interpretada como um impulso ao desconhecido. Nós precisamos aprender a jogar com a vida. E isso não é jogar os mesmos pauzinhos da mesma forma, é aprender vários jogos, várias alternativas. Não há dano maior que ficar sempre no mesmo lugar. Aí você para de jogar o jogo da vida. Perde-se o sentido de vida! Para ousar é necessária uma força inicial, um impulso baseado em um planejamento. Toda a trajetória de nossa vida requer um impulso de largada e, depois, análise de "onde eu vou baixar minha força". O ousado tem vislumbre, tem visão. Sai da acomodação. Nós precisamos estar no presente trazendo o passado como força que nos impulsiona e vislumbrar até onde podemos ir. O passado nos guia no presente. E o vislumbre do futuro nos impulsiona a atuar no hoje.

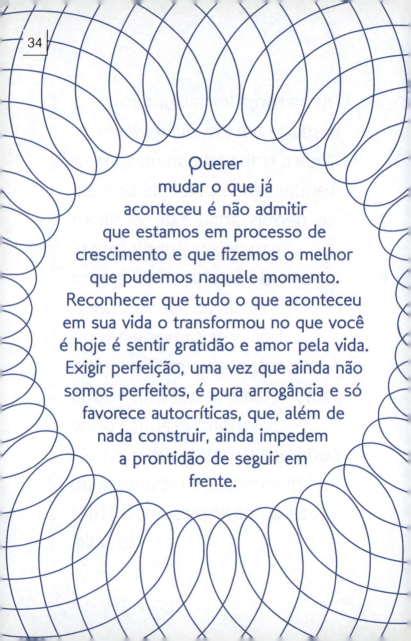

Querer mudar o que já aconteceu é não admitir que estamos em processo de crescimento e que fizemos o melhor que pudemos naquele momento. Reconhecer que tudo o que aconteceu em sua vida o transformou no que você é hoje é sentir gratidão e amor pela vida. Exigir perfeição, uma vez que ainda não somos perfeitos, é pura arrogância e só favorece autocríticas, que, além de nada construir, ainda impedem a prontidão de seguir em frente.

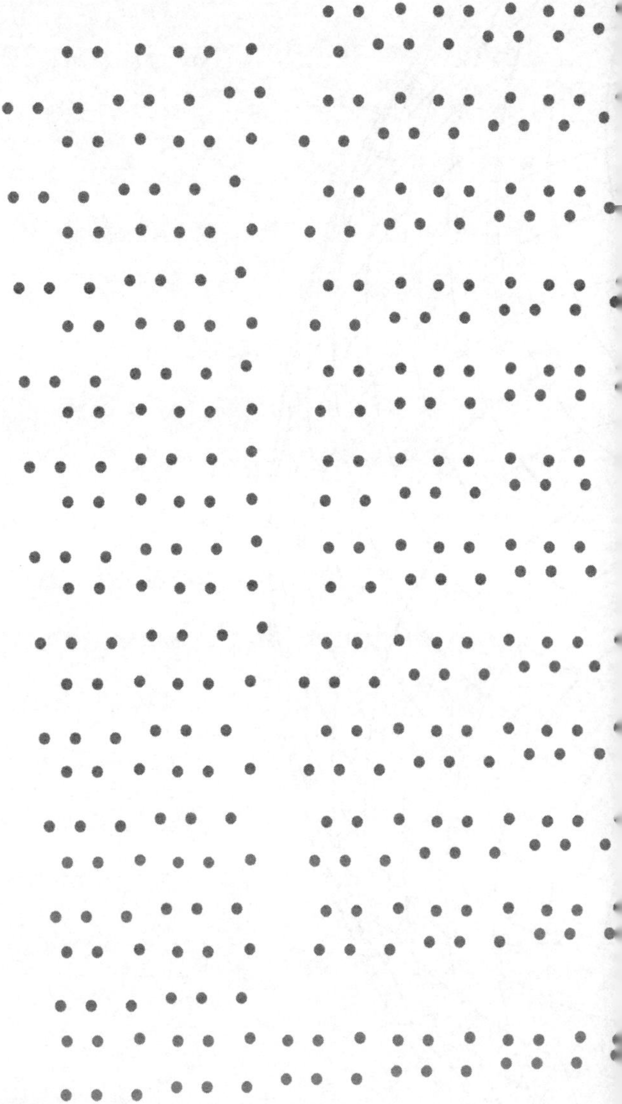

Somos seres humanos biopsicoespirituais. Precisamos estar muito atentos ao que está se passando conosco, sem projetá-lo no mundo externo. Os perigos que imaginamos mundo afora são reflexos do que enxergamos em nós. Projetamos no externo o que vivemos internamente, por isso a verdadeira mudança ocorre de dentro para fora. Querer que o mundo mude enquanto continuamos a emitir as mesmas ondas vibracionais é irreal. Comece a arrumar seu mundo, sentindo seu poder e veja o que pode fazer para que as coisas melhorem a partir de você.

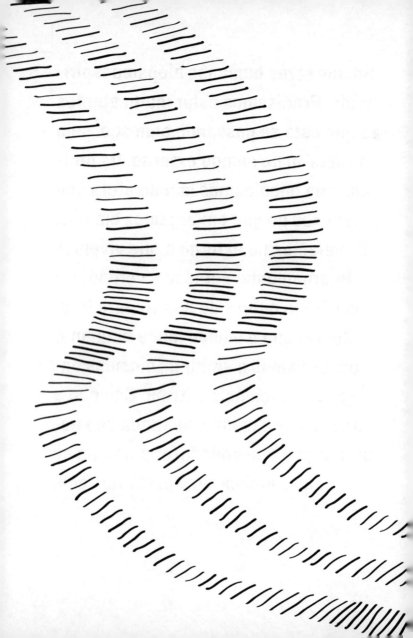

Quanto mais você pensa que não conseguirá, maiores são as chances de não conseguir. Pense que conseguirá e assim será.

Viver sempre do mesmo jeito, sem se arriscar, olhando só o ganho de hoje, é perder de vista o amanhã. Não desperdice a vida. Acredite: você pode fazer um mundo melhor. Vislumbrar algo à frente é que nos faz caminhar. Trabalhe, plante sua semente na terra e confie que os frutos virão.

Devemos fazer da queda

um novo passo de dança.

Não deixe os outros interferirem em sua vida, prescrevendo verdades absolutas. Acredite sinceramente em você e naquilo que mais quer. Se no meio do caminho perceber que é necessário alterar a rota, faça isso sem medo. Tenha humildade em reconhecer que também pode errar, sem receios ou comparações com o sucesso ou insucesso alheio. Nas suas relações conquiste, não queira ter. Seja o bem do outro, não trate o outro como se fosse seu bem. Você só é dono de si mesmo, de mais ninguém e de mais nenhuma outra coisa. E, vamos combinar, ser dono de si mesmo já é bastante coisa. Seja seu dono. Olhe para sua vida e não para a vida alheia. Analise sua história, veja o que você pode fazer e deixe que o outro decida o que ele deve fazer. Afinal, só você mesmo sabe o que é melhor para você, ninguém mais.

Você percebe a quantidade de informações a que estamos submetidos e como é difícil selecioná-las? Mal conseguimos passar a limpo os rascunhos dos nossos estudos e logo algo novo nos chama a atenção. Estamos sem tempo para refletir sobre tudo o que sabemos e fazer questionamentos.

É a partir da reflexão que as transformações podem ocorrer. Sabemos muito e fazemos pouco. Estamos sendo levados por uma corrente de informações, que, em vez de nos alertar, nos dopa. Pare, pense, reflita e absorva o que realmente considere relevante para seu crescimento.

A criança de ontem é o adulto de hoje.
Como passado, presente e futuro interagem no agora, sinta a presença da sua criança. A criança é espontânea, livre, alegre, arteira, faz e fala o que pensa. Qual é o mal em ser assim? Será que o mal do adulto está em anular as qualidades infantis tão importantes para a felicidade? Rompa com os preconceitos

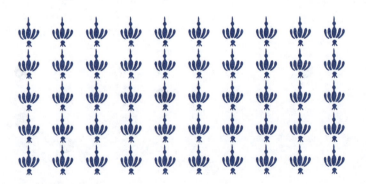

de que para ser um adulto respeitado é preciso ser sério, extinguindo a espontaneidade genuína intrínseca a você. Contagie-se com a energia da alegria, do amor e da criatividade e deixe fluir as suas artes de infância. Afinal, todos nós somos crianças em corpos de adultos. Pelo menos hoje, viva intensamente a sua criança.

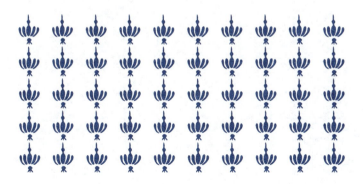

Você é o seu próprio dono! Não se curve diante de qualquer vento que sopra, nem esteja à mercê do mau humor e da mesquinharia. Não são os ambientes que nos transformam, nós transformamos os ambientes!

Na vida não construímos nada sozinhos, em tudo há uma interdependência. Reconhecê-la é a grande força motivadora de auxílio mútuo. Pequenos gestos de solidariedade movimentam a grande força do amor, que por sua vez reergue pilares sólidos de fé e renovação. Uma gota de amor e fraternidade para quem se encontra imerso na angústia pode ser a salvação da esperança, e você pode proporcionar isso.

A BUSCA INSANA PELA SEGURANÇA NOS APRISIONA NOS APEGOS, DISTANCIANDO-
-NOS CADA VEZ MAIS DE NOSSO REAL OBJETIVO. ACEITE QUE NA VIDA TUDO É IMPERMANENTE, TUDO PASSA, EXCETO O AMOR QUE SENTIMOS EM TODAS AS RELAÇÕES ESTABELECIDAS. VIVER COM ESSE SENTIMENTO DE IMPERMANÊNCIA NOS AUXILIA NO DESAPEGO, PERMITINDO-NOS USUFRUIR DA FORÇA DA VIDA NO PRESENTE.

Se algo acabou, saiba que você está no fluxo da vida. Estamos num constante fluxo, nada permanece igual. Querer ter segurança através da estabilidade é ilusão; nada é permanente, tudo muda. A única segurança que podemos alcançar é interna e não externa. Pessoas inseguras buscam freneticamente obter segurança por meio de pessoas ou coisas, distanciando-se cada vez mais de seu próprio ser. A segurança consiste em validar a cada instante sua própria força e capacidade de enfrentar as adversidades sem se perder de si. Um surfista tem que confiar em sua destreza e flexibilidade para surfar na instabilidade das ondas. Confie e se entregue às ondas do mar da vida.

Que tal evitar ouvir ou falar de coisas tristes? A tristeza cria uma espécie de limo que nos puxa para baixo facilmente. Em contrapartida, a alegria irradia uma energia de pura luz que rapidamente contagia, alterando nosso diapasão vibratório. Experimente irradiar a luz da alegria mesmo se estiver triste. A alegria tem o poder de dissolver o limo da tristeza. Estar triste ou banhado em alegria é uma decisão totalmente sua, independe dos acontecimentos. É uma decisão de estado de alma. Que todos os seus dias sejam plenos de alegria e felicidade. Não importa o que aconteça, mantenha-se em sintonia com a alegria.

Pare de se rejeitar.
Dê para você o que quer receber.

Agradar ao outro sem antes se agradar é o maior desagrado que alguém pode se dar.

A graça o agracia quando você deixa claro o que quer e espera. Se você deseja virar a página, primeiro leia a página inteira e compreenda o significado de cada palavra. Perceba as dificuldades que a vida lhe impôs antes de virar a página. Se não fizer isso, a página permanecerá a mesma, obrigando sua releitura.

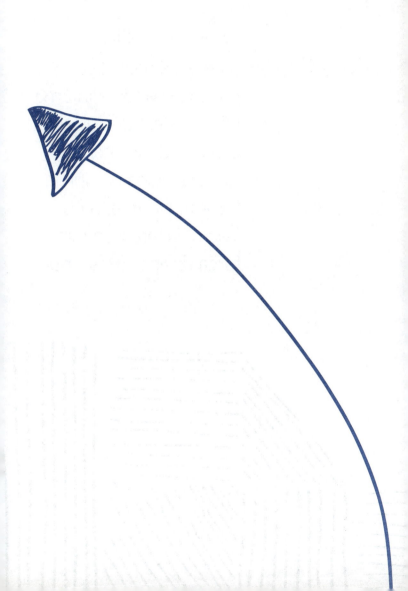

Se algum problema parecer abater você, busque sua força interna. Não existem dificuldades capazes de vencer a força genuína do homem. Ficar muito tempo no vale da depressão mina a força da ação. Passar por

esse vale rapidamente
impulsiona a subida
ao topo de si mesmo.
Os altos e baixos da
vida ajudam a ampliar
nossa visão do Todo,
pois, experimentando a
diversidade, podemos
escolher o melhor.

Toda relação permeia primeiro o nosso ser – a maneira como você se relaciona consigo é igual à maneira como você se relaciona com o outro. Você não pode mudar esperando que o outro também mude. Mude sem alimentar expectativas em relação ao outro. Quando a mudança é total e genuína dentro de nós, não há razão para convencermos alguém de que estamos certos.

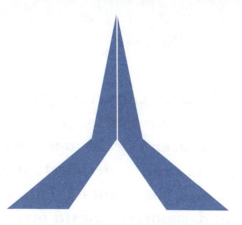

Tire os olhos dos pontos negros de sua vida. Aproveite cada bênção, cada momento que a natureza lhe dá. O choro pode durar até o anoitecer, mas creia que a alegria virá ao amanhecer. Tenha essa certeza, tranquilize-se e seja feliz.

A insatisfação revela que algo não está de acordo com o que realmente queremos fazer e acreditamos ser bom. Ela aponta para a desonestidade com que estamos nos tratando. Para a insatisfação desaparecer, basta fazer o que se quer. Mas por que isso parece não ser tão simples? Talvez levemos demais em consideração os compromissos já assumidos, mesmo que eles não correspondam mais a nossas expectativas e objetivos. Acreditamos que seríamos desonestos e irresponsáveis perante as pessoas envolvidas ou que demonstraríamos insegurança e falta de asserti-

vidade. Aceitar o que não está bem só porque um dia ele foi bom é parar no tempo, estagnar e aceitar a insatisfação. Uma pessoa digna de confiança se compromete com o que acredita ser bom e correto no momento. Compartilhar a vida com alguém assim proporciona total segurança, pois ele estará sempre comprometido com a verdade do momento. Comprometa-se com a verdade do presente. Fique atento à sua vida agora. O que foi bom ontem pode não ser mais hoje. Se for esse o caso, é hora de mudar. Há algo errado nisso?

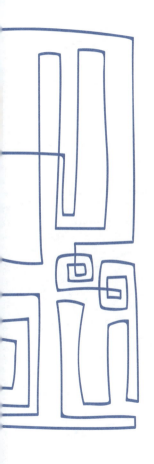

As dificuldades da vida auxiliam o despertar da nossa alma, pois nos colocam em movimento. Na depressão, a pessoa estagna o seu potencial, entrando na acomodação, que gera pânico e solidão. Seguir a vida como se esta tivesse um manual que diz o que fazer, além de acomodar, não desperta a força do espírito.

Nossa energia se movimenta mediante sentimentos e pensamentos. Lançamos no Universo uma energia que retorna a nós mais potencializada. Energias semelhantes se aproximam, assim atraímos o que emitimos. As pessoas próximas foram atraídas por você. Se isso o incomoda, reflita sobre o tipo de pensamento e sentimento que está emitindo.

Não perca tempo criticando o outro, direcione essa energia para seu autoconhecimento. Toda vez que estiver tentado a criticar alguém, pare, olhe para si e diga em voz alta e na primeira pessoa a crítica que iria fazer. Em vez de dizer: "Ela é incompetente!", diga "Eu sou incompetente!". Entre em contato com o sentimento suscitado. A crítica emerge ao detectarmos no outro o que nos incomoda em nós mesmos. Perceba a crítica como um espelho que reflete sua própria imagem. A crítica pela crítica só traz estagnação, ela só se torna construtiva no momento em que o sujeito a utiliza para a própria transformação. Encare a crítica como um atalho que lhe trará lucidez, possibilitando, assim, uma maior compreensão de si e dos que o rodeiam.

Além dos benefícios óbvios de uma atividade física, existem também os benefícios espirituais. A atividade física libera endorfina, que é responsável pelo prazer e pela alegria, emoções essenciais que nos impulsionam a vibrar no amor. Vida é movimento. Movimentar o corpo é estar em equilíbrio e em sintonia com as forças espirituais que regem todo processo de vida. Um corpo parado gera, cedo ou tarde, estagnação em determinados pontos do processo evolutivo do ser. Há determinados bloqueios energéticos que se dissolvem mais facilmente com exercícios físicos. Os chacras são partes do corpo energético, e os exercícios físicos estimulam esses canais de energia, equilibrando o físico, o emocional e o mental. Agora levante, sacuda seu corpo, enfrente a preguiça e conquiste sua saúde com atividades físicas.

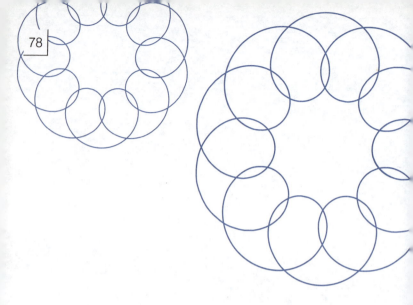

O estresse faz parte da vida moderna, é algo a que todos estão submetidos. São várias as suas causas, entre elas a falta de ritmo e rotina. Uma vida ritmada e planejada ameniza a aceleração cardíaca, o nervosismo do inesperado. Quando nos pegamos em alguma situação de sobressalto, a reação instintiva é de luta ou fuga, nos estressando. Por mais chata que uma vida disciplinada e ritmada possa nos parecer, esse é um dos remédios para prevenir o estresse. Baseie-se na natureza: antigamente tínhamos frutas da estação,

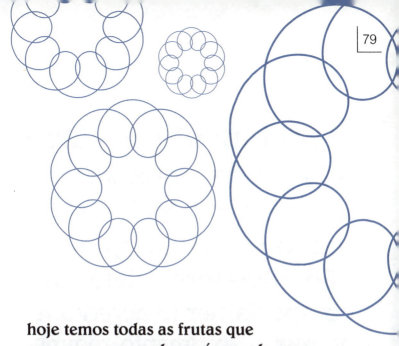

hoje temos todas as frutas que queremos em qualquer época do ano. O homem acelerou a produtividade da natureza, e isso traz benefícios e malefícios. A busca exacerbada por produzir sempre mais nos coloca num movimento diferente das Leis que regem a natureza. Essa dicotomia entre o natural e o que se quer alcançar gera estresse. Para aliviar o estresse, comece tendo uma vida ritmada de acordo com sua natureza. Não se deixe levar pela onda externa; priorize você.

O sentimento de culpa advém da consciência de um erro não transformado e persiste quando não queremos alterar um comportamento, acreditando que o sofrimento redime. O sentimento de culpa é um flagelo que não nos leva a lugar nenhum. Nada se ganha além de estagnação. Pare de se culpar, isso é tolice. Faça algo inteligente, transforme suas atitudes urgentemente e veja a culpa desaparecer.

A ALMA É A ESSÊNCIA
que anima o corpo e se expressa através dele. O antidepressivo, ao aliviar os sintomas da depressão, afrouxa a conexão entre corpo e alma, dificultando a comunicação. Assim a pessoa passa a viver na ilusão de que está bem. É como se dissesse: "Não quero saber

como estou, quero me anestesiar". Corpo sem alma é corpo sem vida. Alma sem corpo é alma penada. Reconheça os sinais que a alma emite ao corpo. Só assim você terá plena consciência de si e responderá corretamente às demandas da vida.

A HISTÓRIA DE SUA VIDA CONTÉM REGISTROS SAGRADOS DE TUDO O QUE VOCÊ SE PROPÔS A VIR A SER. DESDE SUA REMOTA INFÂNCIA, A FORÇA CRIADORA DE SEU ESPÍRITO SE MANIFESTOU, ANUNCIANDO AS POTENCIALIDADES QUE VOCÊ POSSUI. NADA NEM NINGUÉM TÊM O PODER DE LHE FAZER MAL. O MAL EM SUA VIDA CONSISTE NO MANTO QUE ENCOBRE SEU VERDADEIRO SER. A MÃO QUE

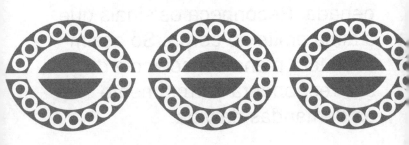

ATACA É UM INSTRUMENTO QUE O CONDUZ PARA A DIREÇÃO QUE DEVE TOMAR. NÃO É O MAL EM SI, MAS UM BEM QUE O SACODE E DESPERTA. **TUDO DEPENDE DO OLHAR** QUE VOCÊ LANÇA SOBRE SUA VIDA E DA CONFIANÇA QUE DEPOSITA NA FORÇA SUPREMA QUE NOS GUIA. CONTEMPLE SUA VIDA E DESVENDE O MILAGRE QUE ESTÁ POR TRÁS DE CADA ACONTECIMENTO.

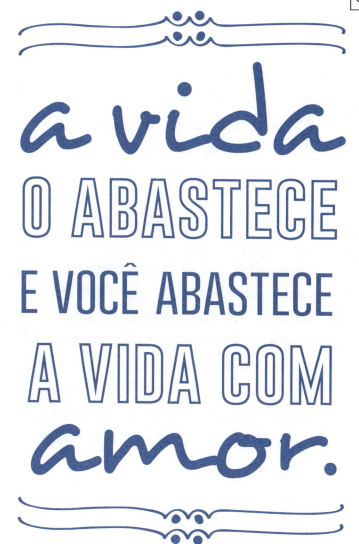

a vida
O ABASTECE
E VOCÊ ABASTECE
A VIDA COM
amor.

Serene seu coração, sua mente. Distancie-se de todo burburinho externo, de toda preocupação, e entre em contato com você, com seus sentimentos, sua respiração, seu corpo, sua potência de vida, o quanto de energia que pulsa em seu ser, seus ideais, seus lindos sonhos... Entre em contato com tudo aquilo que movimenta seu espírito. Traga o sentimento de plenitude, inteireza. Sinta seus pés firmes na terra, mas todo o seu corpo livre para caminhar sobre ela e alcançar tudo aquilo que realmente você deseja.

De forma intensa e profunda, reverencie toda a força dos nutrientes da terra, todas as mãos invisíveis que lhe asseguram a jornada, as mãos que o barram, mas que na verdade direcionam você. Por mais que essas mãos que o barram lhe tragam dor, encontre nelas também as mãos que lhe trazem a salvação. Dance e cante a glória da vida e mantenha seu alinhamento exalando a luz de seu espírito que se expande a tudo e a todos e que traz a plenitude de sua alma!

Pense agora o que é fundamental para sua vida e imagine-se realizando isso. O que você pensa agora, sente agora, está se materializando nas estrelas. E você vai trazer esta força, este potencial para a materialização da sua vida.

Qual é o vislumbre que se descortina nos olhos de sua alma? Ative os seus neurônios para a criatividade, ative todas as suas células para criar e veja a luz que se acende... uma luz em sua mente que faz você sentir que é possível. Sinta este vislumbre e não duvide da capacidade de concretização, pois tudo aquilo que paira na mente humana é possível acontecer. Não permita que paire em sua mente qualquer coisa que não seja amor, sucesso, alegria, felicidade. Se por acaso alguma emoção negativa vier, rasgue-a e fique com aquilo que é bom. Você sabe que aquilo que você pensa e imagina já está no astral, só é necessário trazer para a terra e para isso há o empenho, **as ações**.

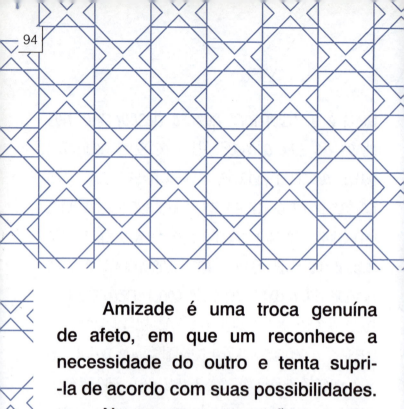

Amizade é uma troca genuína de afeto, em que um reconhece a necessidade do outro e tenta supri--la de acordo com suas possibilidades.

Na mesma proporção em que oferecemos algo e nos abrimos para receber, começamos a nos sentir úteis e percebemos que temos uma relevância na vida de outrem. É quando começamos a sentir a graça da vida

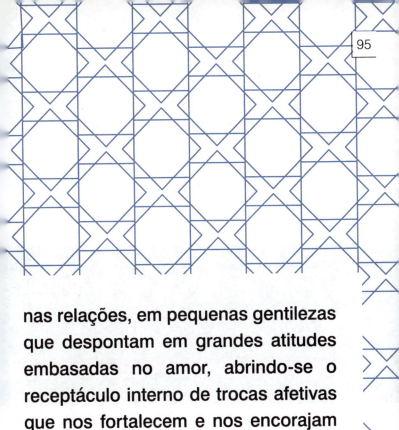

nas relações, em pequenas gentilezas que despontam em grandes atitudes embasadas no amor, abrindo-se o receptáculo interno de trocas afetivas que nos fortalecem e nos encorajam a prosseguir no caminho de ações amorosas, independentemente de para quem esteja direcionada. É a partir desses laços de amizade que começamos a viver o amor universal.

Rua Agostinho Gomes, 2.312 – SP
55 11 3577-3200

grafica@vidaeconsciencia.com.br
www.vidaeconsciencia.com.br